Paroles de femmes

Lionel de MESSEY

Éditions ART ET COMÉDIE
3, rue de Marivaux
75002 PARIS

NOTE SUR L'AUTEUR

Lionel de Messey est né au Maroc en 1959. Ses débuts dans l'écriture remontent à la fin des années 80 : poésies en prose, petits textes satiriques et nouvelles un peu sombres, mais non dénuées d'humour. Ces nouvelles formeront en 2008 un recueil intitulé *La Bête à bon diable*, édité à compte d'auteur.

Lionel de Messey écrit régulièrement pour le théâtre depuis 1995 : formes courtes (sketches, parodies musicales, saynètes) et pièces de 30 à 120 minutes, interprétées de façon régulière un peu partout, en France et à l'étranger. Il a créé sa propre troupe amateur où il interprète ses créations avec ses partenaires de scène. Lionel de Messey est sociétaire de la SACD.

PERSONNAGES

Solange

Mireille

Edith

DÉCOR

Une salle de petit déjeuner pour chambres d'hôtes, avec coin canapé.

ACTE I

*Une station balnéaire ou quelque chose d'approchant...
Trois femmes assises. Edith tricote ou fait de la broderie (ou
tout autre chose), Mireille lit. Solange, qui a fini d'envoyer
des SMS, s'ennuie visiblement.*

SOLANGE, *n'y tenant plus.* – Fait beau quand même...

MIREILLE, *sans lever le nez de son livre.* – Vous êtes sortie ce
matin ?

SOLANGE. – Ben non...

MIREILLE, *regardant Solange.* – Bon alors, comment vous
pouvez dire qu'il fait beau ?

SOLANGE, *observant ses chaussures.* – Je ne savais pas quoi
dire.

EDITH, *levant le nez de son ouvrage.* – Quand on ne sait pas quoi
dire, on se tait !

SOLANGE, *penaude.* – C'est juste... (*Un silence.*) Le problème
c'est que je ne sais jamais quoi dire !

MIREILLE, *se levant et se dirigeant vers la fenêtre.* – Bon,
voyons ce qu'il en est ! (*Un temps.*) Tu parles ! Il flotte !

SOLANGE, *dépitée.* – C'est bien notre veine !

MIREILLE. – Pourquoi dites-vous ça ? Vous aviez des projets de promenade ?

SOLANGE. – Non, mais c'est ce qu'on dit quand il ne fait pas beau...

EDITH. – Vous avez l'art de la conversation, vous !

MIREILLE, *retournant s'asseoir.* – Ce d'autant que ce que vous affirmez n'exprime qu'un aspect de la question.

EDITH. – C'est vrai, vous oubliez notre point de vue.

SOLANGE. – C'est quoi votre point de vue alors ?

EDITH. – En l'occurrence je n'en ai pas...

MIREILLE. – Moi je m'en fous un peu...

SOLANGE. – Bon alors ? J'ai bien le droit de trouver ça triste qu'il pleuve !

EDITH. – Naturellement. (*Un temps.*) Par contre, si on était agricultrices, on serait contentes qu'il pleuve.

MIREILLE. – D'un autre côté, quand il pleut trop, c'est mauvais pour les récoltes.

EDITH, *amusée.* – Vous avez raison : les paysans, ils ne sont jamais contents.

> *Sourire complice de Mireille.*

SOLANGE. – Alors que les escargots...

MIREILLE, *surprise.* – Qu'est-ce qu'ils viennent faire là-dedans, les escargots ?

SOLANGE. – Ils doivent être contents qu'il pleuve…

EDITH. – Mais on se fout de leur opinion !

SOLANGE. – Je ne vois pas pourquoi !

EDITH. – Parce que ce sont des animaux !

SOLANGE. – Et alors ? Les animaux sont des créatures du Bon Dieu !

EDITH. – Non mais c'est pas vrai ! Ne me dites pas qu'on va avoir droit au couplet religieux ?

SOLANGE. – On ne peut vraiment rien dire !

MIREILLE. – Si mais, si vous pouviez nous épargner les niaiseries !

EDITH. – C'est vrai : entre ne rien dire et dire n'importe quoi, il y a une marge !

SOLANGE, *butée*. – C'est joli un escargot !

EDITH. – Tu parles, ça bave !

SOLANGE. – Vous salissez tout !

EDITH, *ironique*. – En tout cas moi je ne bave pas. Enfin, pas encore !...

MIREILLE, *amusée*. – Vous n'êtes pas assez vieille pour ça !

SOLANGE. – Si ! Vous bavez sur l'existence !

MIREILLE, *conciliante*. – Bon, écoutez : nous on veut bien discuter, mais parler pour ne rien dire, ce n'est pas notre truc.

EDITH, *avec mépris*. – C'est vrai : la pluie et le beau temps !

SOLANGE. – S'il avait fait beau, on aurait pu aller se promener… (*Un temps.*) Dans le temps, j'allais me promener avec mon Lucien…

EDITH, *s'adressant à Mireille*. – Maintenant, elle va nous bassiner avec son Lucien !

MIREILLE. – C'est son mari ?

EDITH. – C'était ! (*Un temps.*) Elle l'a mis en boîte…

MIREILLE, *se méprenant*. – Ah ? Ils sont fâchés ?

EDITH. – Non : il est entre quatre planches. Claboté quoi !

MIREILLE, *décontenancée*. – Ah ? C'est moche !

EDITH, *balayant la phrase*. – Oui, oh ! En même temps, ça fait 5 ans. Il serait temps qu'elle passe à autre chose ! (*Plus fort à destination de Solange.*) Lucien par ci, Lucien par là ! Vous pourriez changer de disque ! Cela fait 5 ans qu'il est crevé votre bonhomme !

SOLANGE. – Le temps ne change rien à mon chagrin ! Évidemment, vous ne pouvez pas comprendre, vous êtes vieille fille !

MIREILLE, *choquée*. – Oh ! Edith ! Vous avez dit « crevé » !

EDITH, *étonnée*. – Ah ? (*S'adressant à Solange.*) Désolée, je voulais dire : clamsé !

MIREILLE. – C'est guère mieux !

EDITH. – On va pas faire de la sémantique ! (*S'adressant à Solange.*) Vieille fille ? Oui, et alors ? C'est une tare ?

SOLANGE. – Bien sûr que non, mais vous ne risquez pas de perdre un mari !

EDITH, *froidement*. – Logique. (*Un temps.*) En même temps, c'est une bénédiction : il y aura au moins une personne dans cette pièce qui ne se lamentera pas ! Franchement, Solange, cela fait 5 ans que votre Lucien est… (*Échange de regards entre Edith et Mireille.*)

MIREILLE, *proposant le verbe.* – Décédé…

EDITH. – Décédé…

SOLANGE. – Ce n'est pas parce que mon mari est mort que je vais arrêter de penser à lui ou même d'en parler ! Je n'y peux rien s'il me manque terriblement !

MIREILLE, *émue.* – Oui, c'est vrai… Un seul être vous manque et tout est dépeuplé…

EDITH. – Ou l'inverse : un seul être vous manque et tout est repeuplé ! L'univers s'élargit au lieu d'être rétréci ! C'est agaçant cette manie de vivre dans le passé ! Comment voulez-vous avancer, si vous regardez constamment derrière vous ? Ils m'exaspèrent ces morts qui nous empêchent de vivre !

SOLANGE. – Ils n'empêchent pas de vivre ! (*Désignant successivement son cœur et sa tête.*) C'est bien de savoir qu'ils sont toujours là, et là !

EDITH. – Ils sont surtout six pieds sous terre !

MIREILLE. – Oui… Bien sûr, mais l'évocation des personnes disparues a ce petit côté nostalgique qui donne des pincements au cœur.

SOLANGE. – C'est tout à fait ça : c'est une tristesse qui fait du bien !

EDITH. – Vous êtes masochistes !

MIREILLE. – Je ne dirais pas ça. Personnellement, j'étais très attachée à mes parents. Je pense souvent à eux. Il n'est pas rare qu'un événement ou un lieu me les rappelle… Certaines de leurs phrases résonnent encore dans ma mémoire et cela me fait sourire ; cela me soutient aussi parfois, au moment de grandes décisions, même si cela n'a rien de rationnel, j'en conviens.

EDITH. – Moi, mes parents, ils m'ont bien pourri la vie, je suis contente de les imaginer pourrir à leur tour ! Mais tout ça, c'est du passé. Je suis matérialiste : je ne crois pas à l'au-delà ni aux âmes errantes : on naît, on vit, on meurt, c'est aussi simple que ça.

SOLANGE. – On n'est pas des bêtes !

EDITH. – Si, à 90%. Mais je veux bien admettre que nous avons un minimum d'intelligence, sinon nous ne serions pas là à discuter. C'est ce qui nous différencie des animaux.

MIREILLE. – Vous êtes très pessimiste au fond.

EDITH, *se défendant*. – Moi ? Pas du tout ! Je suis tout à fait réaliste, au contraire. Je ne m'encombre pas de fantômes ; j'avance dans la vie, du mieux que je peux. J'affronte les difficultés, seule et contre tous. J'ai des réussites, que je ne dois qu'à moi même. Tout n'est pas rose, mais tout n'est pas noir non plus : c'est la vie, ce cadeau empoisonné qu'on nous offre à la naissance et qu'on est bien obligé de gérer jusqu'au mot fin où tout s'arrête.

MIREILLE. – Nous n'avons pas la même définition du mot pessimisme…

SOLANGE. – C'est carrément sinistre ! Et l'amour dans tout ça ?

EDITH. – Ah ! Le grand mot est lâché !

SOLANGE. – Vous pouvez ironiser ! N'empêche que sans amour, il n'y aurait pas de vie sur Terre !

EDITH. – Première nouvelle ! Il faudra que j'en discute avec le chien de ma voisine, afin de déterminer si le sentiment amoureux prédomine chez lui à la période des chaleurs.

SOLANGE. – Ce n'est pas comparable !

EDITH. – Je ne vois pas pourquoi : le chien est un être vivant, non ?

SOLANGE. – Mais oui !

EDITH. – Vous le pensez doté d'un sentiment aussi complexe que l'amour ?

SOLANGE, *agacée et à court d'arguments.* – RRRRH ! Je ne sais pas ! C'est de l'affection en tout cas !

MIREILLE, *volant au secours de Solange.* – On ne peut pas comparer l'espèce humaine aux animaux !

EDITH. – Ah tiens ? Pourquoi ?

MIREILLE. – Parce que l'animal est régi par ses instincts.

EDITH. – Excusez-moi Mireille, mais l'être humain aussi est dominé par ses instincts : l'instinct de survie et l'instinct de reproduction notamment.

MIREILLE. – Je veux bien l'admettre, mais heureusement, nous sommes doués de raison. On ne répond pas systématiquement à nos pulsions.

EDITH. – Bien entendu ! Je ne dis pas qu'on va se renifler le derrière à chaque coin de rue, ou qu'on va sauter sur tout ce qui bouge !

SOLANGE, *choquée.* – Oh ! C'est dégoûtant !

EDITH. – S'il vous plaît Solange ! Quand on a vécu avec un homme !

SOLANGE. – On était mariés !

EDITH. – Oui, le mariage… C'est bien pratique pour les hommes, le mariage… Ils disposent d'une bonne non rétribuée, et d'une pute à domicile… Quand, en plus, elle travaille, c'est tout bénéfice !

SOLANGE, *se bouchant les oreilles, en pleurnichant.* – Oh ! Non ! Pas du tout ! C'est dégoûtant ! (*Un temps.*) Mon Lucien !

MIREILLE. – Vous voyez décidément tout en noir Edith !

EDITH. – Cela m'amuse : dès qu'on est un tant soit peu réaliste et qu'on appelle un chat un chat, on est pessimiste ! Évidemment, je ne vais pas vous empêcher de croire aux contes de fées !

MIREILLE. – Je ne vois pas en quoi avoir un peu d'humanité déroge à vos principes.

EDITH, *énervée.* – Quoi ? Principes ? Principes ? J'ai parlé de principes, moi ? Mais oui, vous avez raison : revenons à cette humanité dont vous avez plein la bouche, tellement supérieure à l'espèce animale qu'elle tue sans raison et qu'elle pratique sans vergogne le génocide et s'enivre méthodiquement dans le pogrom !

MIREILLE. – Oui, bien sûr, l'Homme est capable des pires choses, mais il a aussi la capacité d'en créer d'extraordinaires. Je pense notamment aux cathédrales, à Rembrandt, à Mozart, à Shakespeare…

EDITH, *exaspérée.* – Mais oui ! Mais oui ! C'est ça ! Balancez-nous tous les génies à la tronche ! Victor Hugo, les sœurs Brontë, Camille Claudel ! Seulement ils sont les arbres qui cachent la forêt ! L'espèce humaine dans son ensemble n'est qu'une masse grouillante de médiocrité !

MIREILLE. – En même temps, que ferions-nous dans un monde peuplé de génies ? Qui s'occuperait des basses besognes ?

EDITH. – Je suis bien consciente qu'une personne sur un millier, dans le meilleur des cas, est faite pour penser ; c'est d'ailleurs très bien ainsi, sinon qui viendrait faire mon ménage ?

MIREILLE. – Pour penser, il faut le cerveau pour ça bien entendu, mais il faut aussi la disponibilité… ne pas être encombrée par le quotidien, fatiguée par les heures de travail… avoir l'esprit libre pour échafauder une réflexion.

EDITH, *pensive.* – Oui… (*Après un temps.*) C'est dommage tout de même, de ne pas rencontrer plus souvent des Einstein ou des Mozart…

SOLANGE, *à brûle-pourpoint.* – Moi, mon préféré, c'est Frédéric François !

Edith et Mireille se figent d'étonnement pendant plusieurs secondes. Grand silence, donc.

MIREILLE, *revenant de sa surprise.* – Frédéric François ? Qui est-ce ?

SOLANGE, *guillerette.* – Il est gentil tout plein et il chante de jolies chansons d'amour !

EDITH. – Ah ouais, d'accord ! On va toucher le fond, je crois… Quand je parlais de la masse grouillante de médiocrité, je n'avais pas d'exemple sous la main : merci de m'en donner un !

MIREILLE. – Il s'agit d'un chanteur actuel ?

SOLANGE, *bêtement moqueuse.* – Oh ! Elle ne connaît même pas Frédéric François !

EDITH. – Tout le monde ne peut pas cumuler comme vous ! (*S'adressant à Mireille.*) Il est encore vivant, si ça peut répondre à votre question.

Solange. – Il a fait le plein à l'Olympia !

Edith, *se moquant, glaciale.* – Il peut pas aller à Carrefour comme tout le monde ?

Solange, *gloussant.* – Vous êtes drôle ! Je voulais dire qu'il a rempli la salle… Il a beaucoup de fans ! (*Brandissant un CD, sorti de son sac.*) D'ailleurs j'ai son CD !

Edith. – Oui, bon ! On ne va pas épiloguer sur votre chanteur à minettes ménopausées !

Solange, *pincée.* – S'il y a du monde à ses spectacles, c'est que c'est bien !

Edith. – Hitler aussi rameutait du monde, je vous signale !

Solange. – C'est affreux ce que vous dites !

Edith. – Pour une fois que ce n'est pas dégoûtant, vous devriez être contente ! (*Arrachant le CD des mains de Solange.*) Faites voir ? (*Ouvrant le boîtier.*) Il y a même les paroles ! On peut dire qu'il assume, le bonhomme ! C'est un truc que j'ai toujours admiré chez les cons, c'est qu'ils doutent de rien !

Solange, *esquissant un geste pour récupérer son bien.* – Rendez-moi mon CD ! D'abord, il n'est pas con, il est gentil !

Edith, *écartant Solange de la main.* – Ce n'est pas incompatible. C'est toujours mieux que bête et méchant. (*Lisant au hasard.*) « Je découvre en ton absence, un vide immense, en voyant s'ouvrir les roses du jardin. » (*Moqueuse.*) C'est puissant ! (*Un temps.*) Il aurait planté des bégonias, le pauv'gars, il en serait pas là !

Solange, *récupérant son CD.* – Vous ne comprenez rien à l'art !

EDITH, *hilare, évidemment.* – De l'art ça ? Ha ! Ha ! Ha ! De l'art ou du cochon ?

MIREILLE, *consternée.* – C'est vrai que ce n'est pas terrible ! Et il a rempli l'Olympia ?

SOLANGE, *fièrement, en serrant le CD contre elle.* – Parfaitement ! Pourtant, c'était pas donné : entre 40 et 70 euros la place !

EDITH, *s'adressant à Mireille.* – Vous voyez ? La médiocrité a de beaux jours devant elle ! (*Elle pose sa main sur le dossier d'une chaise et la retire aussitôt, car il est apparemment souillé. Pendant le reste de la scène, elle va éprouver de la gêne côté main et sera très contente de pouvoir l'essuyer sur l'épaule de Solange.*)

SOLANGE, *radieuse.* – 25 ans de carrière !

MIREILLE. – 25 ans que ça dure ?

SOLANGE. – Ce qui prouve que quand on veut, on peut !

MIREILLE, *atterrée.* – Quand je pense que j'ai un cousin qui rame pour y arriver !

SOLANGE. – On n'a rien sans rien, non plus ! Il suffit d'y croire…

EDITH, *coupant la parole énergiquement.* – C'est bon ! Vous n'allez pas nous faire l'inventaire des proverbes et des lieux communs ! (*Un temps, puis s'adressant à Mireille.*) On en était où ? J'ai complètement perdu le fil… (*Voyant que Solange commence à ouvrir la bouche.*) Vous, la ferme !

SOLANGE. – Mais ? Je n'ai rien dit ! (*Elle pleure en silence.*)

MIREILLE. – Je ne sais pas… C'était assez confus… On a parlé d'amour, de mariage…

EDITH. – Normal, les poncifs habituels ! L'un ne va pas sans l'autre. Les éternelles illusions humaines !

MIREILLE. – En fait, nous confrontions deux visions du monde possibles. Je vous trouvais d'ailleurs pessimiste.

EDITH. – Oui, on se demande d'ailleurs bien pourquoi ! (*Apercevant Solange en pleurs.*) Qu'est-ce que vous avez à pleurnicher ?

SOLANGE, *geignant.* – Vous n'arrêtez pas de m'agresser !

MIREILLE, *consolant Solange avec des gestes affectueux.* – Allons, allons ! J'admets que nous avons été un peu brusques par moment…

SOLANGE, *reniflant.* – C'est que je suis sensible !…

EDITH, *tout en « caressant » l'épaule de Solange de façon un peu mécanique.* – Moi, j'aime le style direct, je ne suis pas du genre à envelopper ma pensée dans des phrases.

SOLANGE, *même jeu.* – J'avais remarqué !…

MIREILLE. – Je suis navrée si je vous ai blessée !…

EDITH, *impatiente.* – Pareil !…

SOLANGE, *rassérénée, séchant ses larmes.* – Merci… Je vais m'en remettre… J'en ai vu d'autres…

EDITH, *continuant son geste de la main.* – Tant mieux !

MIREILLE, *s'éloignant de Solange.* – C'est le problème de la nature humaine : la bonté réclame un effort particulier. Il est tellement plus facile d'être méchant !

EDITH. – En même temps, je n'ai jamais cru à cette histoire que l'Homme naissait naturellement bon…

SOLANGE, *embarrassée, en désignant la main d'Edith qui s'acharne sur son épaule.* – Si vous pouviez arrêter…

EDITH, *sur la défensive.* – Quoi ? Qu'est-ce que j'ai encore dit ?

SOLANGE. – Votre main…

EDITH, *réalisant.* – Ma main ? Ah, oui… (*Elle inspecte la paume de sa main.*) Rien à faire !

SOLANGE. – Vous étiez en train de vous essuyer ?

EDITH, *froidement.* – Faut savoir joindre l'utile à l'agréable.

SOLANGE, *résignée.* – Oui, bien sûr…

EDITH. – J'en parlerai à notre hôtesse : la propreté laisse à désirer !

MIREILLE. – Ah ? Vous trouvez ? Ma chambre est très propre : pas de poussière, pas de toiles d'araignée…

EDITH. – En attendant, le dossier de cette chaise est collant ! Je suis bonne à aller me laver les mains. (*Elle sort.*)

SOLANGE, *ayant attendue qu'Edith soit sortie.* – C'est pas pour dire, mais Edith, c'est l'archétype de la vieille fille acariâtre !

MIREILLE. – Oui. (*Un temps.*) Elle doit être malheureuse. Les gens malheureux sont souvent agressifs. (*Elle retourne lire dans son fauteuil.*)

SOLANGE, *à l'affût d'une révélation.* – Ah bon ? Elle est malheureuse ? Elle vous a dit quelque chose ?

MIREILLE. – Non. Simple supposition. (*Elle lit.*)

SOLANGE, *déçue, car elle pensait papoter.* – Ah bon… (*Un temps.*) Qu'est-ce que vous lisez de beau ?

MIREILLE, *répondant sans lever les yeux et sans ouvrir davantage la conversation. – Les Nourritures affectives* de Boris Cyrulnik.

SOLANGE, *décontenancée.* – Ah ?

Long silence pendant lequel Solange observe Mireille avec acuité.

SOLANGE. – Je ne comprends pas le titre, mais ça a l'air intéressant…

MIREILLE, *concentrée, émettant un son d'assentiment.* – Mmmh…

SOLANGE. – Moi aussi, j'aime bien lire de temps en temps : cela me détend. Remarquez, ce n'est pas que je sois particulièrement tendue !

MIREILLE, *même jeu.* – Mmmh…

SOLANGE. – Bien sûr, je ne lis pas des livres compliqués, comme vous… Moi, ce serait plutôt le roman…

MIREILLE, *même jeu.* – Mmmh…

SOLANGE. – Pas les histoires tristes ou les romans policiers, non, non ! Des histoires amusantes ou alors… des romances…

MIREILLE, *même jeu.* – Mmmh…

SOLANGE. – Il a l'air drôlement passionnant votre livre ! Je me souviens d'une fois où j'étais comme vous, plongée dans un bouquin…

MIREILLE, *même jeu.* – Mmmh…

SOLANGE. – Je ne me rappelle pas du titre… (*Recherchant dans sa mémoire.*) Qu'est-ce que c'était déjà ? (*Un temps.*) C'est fou, je ne m'en souviens pas ! C'était prenant en tout cas ! (*Un silence.*) Eh bien, j'ai fait cramer une tarte ! (*Elle rit toute seule.*)

MIREILLE, *même jeu.* – Mmmh…

SOLANGE. – Lucien était furieux ! Une tarte aux prunes ! Sa préférée ! Il m'a passé un de ces savons ! (*Un temps. Changeant de ton.*) J'ai éclaté en sanglots… (*Un temps.*) Il a jeté mon roman à la poubelle, puis il est sorti en claquant la porte.

MIREILLE, *même jeu.* – Mmmh…

SOLANGE. – Je suis restée toute seule dans la cuisine à observer le placard à poubelle pendant qu'il picolait au bistrot !

MIREILLE, *même jeu.* – Mmmh…

SOLANGE. – J'ai failli récupérer mon livre au milieu des épluchures, 20 fois !

MIREILLE, *même jeu.* – Mmmh…

SOLANGE. – Je ne l'ai pas fait, bien sûr : je ne voulais pas d'histoires avec Lucien !

MIREILLE, *même jeu.* – Mmmh…

SOLANGE. – Je n'ai jamais su la fin de mon roman ! À chaque fois que j'ouvrais la poubelle, je l'apercevais sous les immondices ! Je pleurais à chaque fois et ça énervait Lucien ! (*Un temps.*) Quand les éboueurs sont passés, c'est bête à dire mais, j'ai été soulagée… Il n'était pas toujours gentil, Lucien !

MIREILLE, *même jeu.* – Mmmh…

SOLANGE. – Mais je n'ai connu que lui… Je m'étais habituée à force ! Il me manque maintenant !

MIREILLE, *même jeu.* – Mmmh…

SOLANGE. – Quand on est jeune, on se fait tout un tas d'idées sur le mariage…

MIREILLE, *même jeu*. – Mmmh…

SOLANGE. – On s'imagine que les roucoulades et les bisous dans le cou, ça durera toujours…

MIREILLE, *même jeu*. – Mmmh…

SOLANGE. – En fait, on est vite rattrapé par le quotidien…

MIREILLE, *même jeu*. – Mmmh…

SOLANGE. – Je ne demandais pas grand-chose : quelques petits mots gentils de temps en temps et des gestes affectueux… (*Un temps.*) Je les attends toujours… (*Un temps. Changement de ton, plus vif.*) Je peux toujours attendre ! Maintenant qu'il est mort ! (*Un temps.*) Je suis toute seule ! Je parle toute seule ! La solitude, c'est la pire des compagnies !

> *Edith revient pendant les répliques suivantes et écoute avec intérêt.*

SOLANGE, *agacée par l'attitude de Mireille*. – Elle en a rien à foutre l'intello ! Me voilà bien entourée : entre cette snobinarde et l'autre psychopathe mal baisée ! (*Désignant Mireille.*) Si je la traite de pouffiasse, elle va encore me répondre « Mmmh » ?

MIREILLE, *émergeant de son livre*. – Vous me parliez ?

SOLANGE, *très embarrassée*. – Qui ? Moi ? Pas du tout ! Je parlais toute seule. C'est une habitude de femme solitaire !

EDITH, *intervenant et faisant sursauter Solange qui ne l'avait pas vue revenir*. – C'était qui au juste, la pouffiasse et la psychopathe mal baisée ?

MIREILLE, *estomaquée*. – Ah bon ? Elle a dit ça ?

SOLANGE, *faussement outrée en jetant des regards circulaires.* – Holala ! Qui ça ?

EDITH. – Vous, pardi !

SOLANGE, *hypocrite.* – Ah bon ? Vous êtes sûre ?

EDITH. – Évidemment que j'en suis sûre !

SOLANGE. – Vous n'étiez même pas là !

EDITH, *montrant du doigt.* – Si. J'étais dans l'angle et j'ai tout entendu.

SOLANGE, *scandalisée.* – Vous m'espionniez !

EDITH. – Non, j'écoutais. On peut dire que c'était instructif. Pour clarifier les choses : je ne suis pas baisée du tout et quand bien même je le serais, si c'était mal fait, j'en serais nullement responsable !

SOLANGE, *choquée.* – Cela ne nous regarde pas !

EDITH. – Je suis bien d'accord, seulement vous êtes comme tout le monde : vous crevez d'envie de connaître la vie d'autrui, par curiosité, par envie, par jalousie, parce que vous ne supportez pas que les autres vous échappent.

SOLANGE. – Pas du tout ! Je ne suis pas un monstre !

EDITH. – Non, vous êtes humaine : c'est bien pire.

MIREILLE. – J'ai apparemment raté des épisodes… La pouffiasse, c'est qui du coup ?

EDITH. – Par élimination, ce doit être vous…

MIREILLE, *s'adressant à Solange, contrariée.* – Je peux savoir pourquoi vous m'avez traitée de pouffiasse ?

Mireille s'étant levée brusquement, les deux femmes sont face à face dans une attitude très tendue.

SOLANGE. – Cela n'a rien de personnel ! J'ai dit ça comme j'aurais pu dire « penderie » ou « armoire à pharmacie » !

MIREILLE. – Sauf que vous avez dit « pouffiasse » !

SOLANGE. – Vous ne m'écoutiez pas, aussi !

MIREILLE. – Ce n'est pas une raison pour m'injurier !

SOLANGE. – C'est toujours pareil : on n'écoute pas les autres, mais dès qu'on est concerné, ça devient tout de suite plus intéressant !

MIREILLE. – Forcément, vous m'insultiez !

SOLANGE. – Cela faisait un quart d'heure que je vous faisais la conversation et vous ne me répondiez que par des « Mmmmh », c'est assez désobligeant !

MIREILLE. – Parce que me traiter de pouffiasse, ce n'est pas désobligeant ?

SOLANGE, *agacée*. – Oui, bon d'accord ! Il n'y a jamais moyen de discuter calmement ! (*Elle sort.*) Je retourne dans ma chambre !

EDITH. – C'est ça ! Allez écouter votre Frédéric François ! (*Après un temps, plus fort vers les coulisses.*) Pas trop fort quand même !

MIREILLE. – Moi qui avais programmé ce week-end en bord de mer pour me ressourcer ! Je suis gâtée !

EDITH, *regardant par la fenêtre*. – En plus, comme dirait Solange : il pleut comme vache qui pisse !

MIREILLE. – Non, je crois qu'elle évoquerait plutôt les cordes ou les hallebardes !

EDITH. – Vous avez raison : le langage coloré, ce n'est pas son style.

MIREILLE. – Cela dépend : pouffiasse, c'est pas mal dans le genre !

EDITH. – C'est vrai… (*Un temps.*) Quoiqu'il en soit, cette Solange est l'archétype de la personne insignifiante : il n'y a vraiment rien à en tirer ! Avec son chanteur à deux balles ! (*Échange de regards entendus, puis :*) De quoi elle vous parlait ?

MIREILLE. – Je ne sais pas, je n'écoutais pas : j'étais en train de lire.

EDITH. – Elle devait encore se plaindre et ressasser !

MIREILLE. – Il y a des chances ! (*Un temps.*) Bon d'accord, son mari est mort… Mais au moins elle est restée sur une bonne impression ! Moi, mon mari est parti avec sa secrétaire et en plus, il ne paye pas de pension alimentaire !

EDITH. – C'est la double peine.

MIREILLE, *tout en jetant un regard torve à Edith.* – Cette situation est tellement peu originale que c'en est humiliant ! Il me gâche mes meilleurs souvenirs cet imbécile ! Il serait mort dans un accident de voiture, j'aurais moins de peine !

EDITH. – Oui, c'est le problème des vivants : ils continuent à agir et c'est souvent contrariant.

MIREILLE. – Je lui ai consacré 15 ans de ma vie, j'ai l'impression d'avoir été flouée. Notre relation était basée sur la confiance mutuelle…

EDITH. – Ah, la confiance ! Ce leurre qui consiste à se livrer pieds et poings liés à quelqu'un, sans être sûre qu'il y aura réelle contrepartie !

MIREILLE, *tout en jetant un regard courroucé à Edith*. – Nous étions deux personnes intelligentes et de bonne foi ! On ne s'était pas faits de grands serments de fidélité, mais il y avait un profond respect de l'autre… De toute façon, je ne conçois pas une relation où chacun est prisonnier de l'autre.

EDITH. – Il faut croire que votre mari partageait cette conception…

MIREILLE, *marchant en faisant des gestes d'énervement*. – Je suis humiliée ! Être remplacée par une gamine inculte et superficielle, qui confond Rachmaninov avec le rôti de veau Orloff ! Ah, c'est sûr, par contre, elle assure côté SMS ! 15 ans de vie commune pour en arriver là ! Ce n'est pas tant la trahison qui m'anéantit, mais cette insulte à l'intelligence ! Oh, mais c'est fini ! Je plaque tout ! Je vais vendre mes parts de la société, réclamer la moitié de la maison, partir loin avec les enfants ! Oui, c'est ça : partir loin de mes problèmes !

EDITH. – L'inconvénient, c'est que l'éloignement n'empêche pas les problèmes de vous suivre…

MIREILLE, *sans écouter*. – Je ne me laisse pas submerger par mes émotions… (*Un temps, elle se fige.*) Pourtant… La semaine dernière, alors que je sarclais une plate-bande… Je me suis mise à pleurer sur le manche de ma binette ! (*Un temps.*) Voilà où j'en suis : j'arrose les manches de mes outils avec mes larmes !

EDITH. – C'est poétique.

MIREILLE. – Voilà… Je vais repartir à zéro… (*Un temps.*) Toutes ces années que je vais m'efforcer de mettre entre parenthèses pour ne pas souffrir…

EDITH. – Moi, je préfère les trous de mémoire.

MIREILLE, *énervée*. – Vous vous foutez de moi ?

EDITH, *du tac au tac*. – Pas du tout.

MIREILLE, *idem*. – C'est très agaçant vous savez, vos petites phrases !

EDITH, *idem*. – Il n'y a pas de raison de prendre la mouche !

MIREILLE, *sortant, contrariée*. – Je crois que je ferais mieux de me replier dans mes quartiers !

EDITH, *restée seule*. – Les gens sont tout de même assez incroyables, il faudrait toujours les caresser dans le sens du poil ! On ne peut jamais discuter de manière adulte ! On vous demande votre avis, mais c'est pour avoir confirmation de ses propres choix !

Elle va se rasseoir.

NOIR

Entre les deux actes un bruitage de tempête effroyable se fait entendre.

ACTE II

À l'ouverture, un encombrement de valises et de sacs de part et d'autre de la scène, ce qui limite les déplacements. Une table de petit déjeuner est dressée.

EDITH, *en off.* – Eh bien, ça a drôlement soufflé cette nuit ! (*Elle apparaît et vient visiblement de se réveiller.*) Que se passe-t-il ? Ce sont les embouteillages du matin ? (*Elle va s'asseoir pour prendre son petit déjeuner.*)

Solange et Mireille apparaissent simultanément avec d'autres sacs, l'une côté cour, l'autre côté jardin. Elles se font face et se saluent très froidement.

SOLANGE, *qui a une serviette sur la tête, façon turban.* – Bonjour.

MIREILLE. – Bonjour.

EDITH, *joviale.* – Bonjour mesdames !

SOLANGE, *froidement.* – Oui, bonjour.

MIREILLE, *distante.* – Bonjour.

EDITH, *amusée par la situation.* – Vous vous êtes levées du mauvais pied ?

MIREILLE. – Vous n'allez pas commencer !

EDITH. – C'est une question bien innocente !

SOLANGE. – Avec vous, cela ressemble tout de suite à du harcèlement !

EDITH. – Rien que ça ! J'en conclus que vous aussi, vous avez mal dormi… En tout cas, moi, cela n'entame pas ma bonne humeur ! (*Elle croque joyeusement dans une biscotte.*)

SOLANGE. – Tout le monde n'a pas eu le loisir de bouffer un clown !

EDITH, *froidement*. – À mon avis, il doit y avoir des trucs plus marrant à faire avec un clown.

SOLANGE, *choquée*. – Oh ! C'est dégoûtant !

EDITH. – Vous avez trop d'imagination… (*Un temps.*) Enfin, vous devriez être contente, il ne pleut plus !

MIREILLE. – Il suffit qu'on parte pour qu'il fasse beau ! Vous n'avez pas vu notre hôtesse ? Je la cherche partout pour régler ma note !

SOLANGE. – Moi non plus, je ne l'ai pas trouvée !

EDITH. – Je viens de me lever et je n'ai pas croisé Sylvie, non. Vous voulez boire quelque chose ? Il reste de l'eau dans le Thermos…

MIREILLE, *rejoignant la table*. – Pourquoi pas… Elle a dû la faire chauffer sur le gaz, parce qu'il n'y a plus de courant.

EDITH. – Forcément, avec cette tempête ! Un arbre a dû tomber sur les lignes !

SOLANGE. – C'est bien ma veine ! Je me suis lavé les cheveux et pas moyen de me les sécher !

EDITH, *avisant une enveloppe sur la table*. – Ah, ben voilà ! Un petit mot de notre hôtesse ! (*Lisant.*) « Veuillez m'excuser, j'ai dû m'absenter à cause de ma mère qui a fait une mauvaise chute. Le petit déjeuner est prêt sur la table. N'essayez pas d'utiliser les appareils électriques, un arbre est semble-t-il tombé sur la ligne. Le téléphone est également hors-service. J'ai fait le nécessaire, mais on ne sera pas dépannées avant plusieurs heures. À tout à l'heure. Sylvie.» (*Reposant le mot.*) Bon, vous voilà bloquées encore quelques temps ici…

MIREILLE. – C'est contrariant ! (*Se levant.*) Je vais aller remplir la voiture, cela m'occupera en attendant.

EDITH. – À ce propos, je suis fascinée par le nombre de vos bagages. Tout ça pour un week-end ?

MIREILLE. – Non, mais j'ai emporté un maximum d'affaires. Cela me permettra de voir venir en attendant de déménager pour de bon. Il n'est pas question que je reste plus longtemps au domicile conjugal !

EDITH. – Tout tient dans votre voiture ?

MIREILLE. – Oui, j'ai une voiture de société : il n'y a que deux places, mais il y a un grand coffre.

EDITH. – Et vos enfants ?

MIREILLE. – Ils sont chez une de mes tantes. (*Elle sort, emportant une partie des bagages.*)

EDITH, *s'adressant à Solange*. – Vous aussi, vous déménagez ?

SOLANGE. – Ben non, pourquoi ?

EDITH. – Vous aviez besoin de tous ces bagages pour une semaine en chambre d'hôte ?

SOLANGE, *très « chiffons »*. – Je suis prévoyante ! J'emporte des vêtements pour toutes les situations : la pluie, le soleil, le froid ; des pulls en laine, des pulls en coton, des jupes courtes, des jupes longues, des robes, des bijoux fantaisie, des tenues de soirée…

EDITH. – Oui, j'ai compris ! Vous n'allez pas me faire une liste exhaustive ! Vos valises encombrent l'espace, elles ne vont pas en plus encombrer mon esprit ! (*Désignant les différents sacs de courses.*) Et les sacs-là, c'est votre linge sale ?

SOLANGE, *guillerette*. – Pas du tout ! Ce sont des cadeaux et des souvenirs que j'ai achetés pour ma famille, mes amies, mes voisines, mes connaissances…

EDITH, *à part*. – Elle n'a pas que des mauvais côtés, au fond !

SOLANGE. – Il y a aussi des trucs pour moi, évidemment !

EDITH. – On peut dire que quand vous allez quelque part vous ne déplacez pas que de l'air !

SOLANGE, *gamine*. – Ne m'en parlez pas ! Mon Lucien, il me faisait une scène à chaque départ en vacances !

EDITH, *levant les yeux au ciel*. – Tu m'étonnes !

SOLANGE, *même jeu*. – Un jour, il en a eu tellement marre…

EDITH, *coupant la parole, féroce*. – Qu'il a bazardé toutes vos valises sur la route !

SOLANGE, *surprise*. – Ben non ! Pourquoi dites-vous ça ?

EDITH. – Parce que moi, je me serais laissée tenter.

SOLANGE. – Oui, mais vous, vous êtes bizarre ! Mon Lucien, il a acheté un Renault Grand Espace à 7 places. On n'utilisait que les places avant, vu qu'on n'avait pas d'enfants !

EDITH, *à part*. – Encore une veine, ils ont eu la sagesse de ne pas se reproduire !

SOLANGE. – Qu'est-ce que vous dites ?

EDITH. – Rien. Vous comptez transporter ça comment ? Je n'ai pas vu votre voiture…

SOLANGE. – Justement, il faut que j'appelle un taxi pour qu'il m'emmène à la gare. (*Expliquant.*) J'ai pas le permis ! (*Elle sort son portable.*) Zut ! Y'a pas de réseau ! (*Elle bouge à travers la pièce.*) Là non plus ! (*Sortant.*) Je vais voir dehors !

MIREILLE, *revenant pour prendre le reste de ses bagages*. – Je n'arrive pas à démarrer la voiture… Je crois que c'est la batterie…

EDITH. – Si c'est ça, il suffira de pousser la voiture. Je vous déconseille de continuer à la charger : sinon ça deviendra difficile de pousser !

MIREILLE, *reposant les bagages*. – Oui, vous avez raison. (*Un temps.*) Le plus simple, je crois, c'est d'appeler un garagiste. (*Elle s'empare d'un bottin.*)

SOLANGE, *rentrant, le portable à la main*. – Je vais essayer à l'étage ! (*Elle disparaît en coulisses.*)

MIREILLE. – Qu'est-ce qu'elle fabrique ?

EDITH. – Son téléphone ne fonctionne pas, je crois.

MIREILLE, *essayant le sien*. – Zut ! Le mien non plus ! J'ai oublié de le recharger ! Vous pourriez me prêter le vôtre ?

EDITH. – Je n'en ai pas.

MIREILLE, *surprise*. – Ah ? Vraiment ? C'est plutôt rare de nos jours !

EDITH. – Je ne dis pas ça pour vous ennuyer. Je n'éprouve pas la nécessité de cet engin. Je ne suis pas esclave de la technologie…

SOLANGE, *réapparaissant sur cette réplique*. – Rien à faire ! Je ne capte rien ! Personne n'aurait un portable en état de marche ?

EDITH, *désignant Mireille*. – Le sien est à plat et moi je n'en ai pas.

SOLANGE, *ahurie*. – Ah bon ? C'est possible, ça ? Comment peut-on vivre sans portable ?

EDITH, *se levant et tournant sur elle-même*. – J'y arrive très bien, merci. Observez : toutes mes fonctions sont intactes !

SOLANGE, *scandalisée*. – Tout de même ! À notre époque ! J'ai du mal à comprendre ! N'importe quoi !

EDITH. – Vous me dites ça comme si j'avais commis un attentat à la pudeur ! Il y a 20 ans, le portable n'était pas monnaie courante et je n'ai pas le souvenir que le monde s'en portait plus mal !

SOLANGE. – En attendant, il y a 20 ans, ce sac à main je l'aurais acheté plein pot, alors que j'ai économisé 10 euros, grâce à ma cousine qui m'a appelée de chez Auchan au moment où j'étais en train de prendre le même plus cher à Leclerc !

EDITH, *ironique*. – Vu sous cet angle, je conçois l'étendue des vertus concentrées dans ce petit objet ! (*Un temps.*) De toute façon, vous allez bien être obligée de vous en passer. Consolez-vous : on n'est pas dans un grand magasin.

SOLANGE, *angoissée*. – C'est épouvantable ! Pas de réseau ! Pas d'Internet ! On est coupées du monde !

EDITH. – Moi, je trouve ça plutôt rassurant.

SOLANGE. – Ne plus pouvoir communiquer avec les gens, vous trouvez ça rassurant ? C'est important de pouvoir communiquer !

EDITH. – « Communiquer », le mot à la mode ! Depuis qu'on dispose d'outils de communication à tordre la gueule, on n'a jamais été aussi seul ! Dans les soirées ou les réunions familiales, tout le monde est branché à son truc et personne ne parle plus à personne ! À croire que les individus qui sont à Pétaouchnok ont des choses plus importantes à nous dire que celles présentes dans la salle !

MIREILLE. – Je crois surtout que la plupart des gens ont un grand vide intérieur. Ils n'ont rien de tangible en eux : pas d'aspirations qui les portent, pas de culture ou très peu, pas de rêves grandioses qui les transcendent, alors ils s'imaginent que le monde extérieur va remplir ce vide stérile.

SOLANGE. – En attendant, si mon portable captait, j'aurais pu appeler un taxi ! (*Regardant son portable avec hargne.*) Quand je pense à tous les messages que je ne peux même pas consulter !

EDITH. – Et alors ? Cela ne va pas vous empêcher de respirer ?

SOLANGE. – Il y a des gens qui comptent sur moi ! Mes copines, Monsieur le curé pour le fleurissement de l'église, ma nièce Antoinette… Je suis indispensable !

EDITH. – Les gens indispensables, les cimetières en sont pleins ! Croyez-moi, il y a beaucoup moins de gens utiles qu'inutiles sur cette planète ! L'Homme est le premier des nuisibles sur la Terre. Si le concours à l'existence était plus sévère, il y aurait peut-être moins de crétins et de spéculateurs à courte vue !

MIREILLE. – Le problème, c'est : qui décide de l'utilité d'untel ou untel ?

EDITH. – Oui, j'ai bien conscience qu'il n'y a pas de solution ! Cela fait des millénaires que cela dure, il n'y a pas de raison que cela s'arrête. C'est pour ça que l'Homme a inventé Dieu : cela permet de faire passer la pilule !

SOLANGE. – D'abord, c'est Dieu qui a créé l'Homme ! Il l'a créé à son image et…

EDITH, *coupant la parole*. – Bravo ! Soit il est maladroit – ce qui paraît surprenant de la part d'un être parfait – soit il est imparfait, ce qui explique qu'on le soit aussi, et tendrait à prouver qu'il n'est pas Dieu !

SOLANGE. – Mais ?… Pas du tout !

EDITH. – Ne vous fatiguez pas, toutes les civilisations ont inventé un ou plusieurs dieux pour les aider à appréhender le monde ou pour satisfaire leur besoin d'amour ou encore pour se donner de bonnes raisons d'aller trucider leur prochain.

SOLANGE, *avec un air supérieur*. – Vous ne pouvez pas comprendre ! Vous n'avez pas été touchée par la foi !

EDITH. – Ah ? Parce que vous, oui ? (*Méprisante.*) Ça promet !

MIREILLE. – Je ne crois pas qu'on résoudra ce problème métaphysique en trois petites phrases lapidaires. Il me semble aussi ridicule d'affirmer de façon péremptoire que Dieu n'existe pas que l'inverse. Toutefois, si la question de Dieu se retrouve au cœur de toutes les civilisations, ce n'est sans doute pas un hasard.

EDITH. – Oui, cela prouve que l'être humain manque singulièrement d'imagination.

MIREILLE. – Cette discussion ne mène pas à grand-chose…

SOLANGE. – C'est sûr ! C'est pas ça qui va faire venir mon taxi !

Edith. – Ce que vous êtes exaspérante ! Vous n'avez qu'à prier ! On ne sait jamais, il va peut-être y avoir un miracle ! Un taxi va apparaître et avec un peu de chance votre mari sera dedans !

Solange. – Vous êtes une peste !

Edith. – Alors quoi ? Vous ne vous mettez pas à genoux ?

Solange. – C'est facile de se moquer du malheur des autres !

Edith. – Excusez-moi, mais je croyais que la foi soulevait les montagnes ? Mettez-vous à genoux, j'ai hâte de voir ça.

Mireille. – Franchement, Edith, c'est de mauvais goût !

Edith. – Vous trouvez ? C'est toujours mieux que de se mettre à quatre pattes et d'exhiber son derrière ! (*À Solange.*) Bon alors ? Vous vous mettez à genoux, oui ou chose ?

Solange. – Vous êtes mauvaise ! Vous transpirez la méchanceté !

Edith. – Eh bien ! Il va falloir que je change de déodorant !

Solange. – Vous ne savez pas ce que c'est que de souffrir !

Edith. – Ben voyons !

Mireille. – Et quand bien même vous seriez malheureuse, cela n'excuse pas tout. Vous ne pouvez pas balayer les problèmes des autres avec désinvolture, comme vous le faites !

Solange. – On comprend que vous soyez vieille fille avec votre sale caractère ! Vous finirez seule ! Une vieille peau toute racornie qui radotera dans son coin ! Sans personne pour l'écouter ou pour la consoler !

MIREILLE. – C'est vrai, vous finirez par lasser votre auditoire avec votre vision pessimiste du monde. (*Elle s'écarte d'Edith, côté cour.*)

SOLANGE. – Un jour, vous en prendrez plein la figure et vous comprendrez votre douleur ! (*Elle s'éloigne d'Edith côté jardin.*)Et ça sera bien fait ! On verra si vous prenez encore vos airs supérieurs ! J'espère qu'il y aura des gens assez méchants pour se moquer de vous et qui feront des bons mots sur votre malheur !

EDITH. – Il faudrait savoir : un coup, je me retrouve seule dans mon coin, et un coup je me retrouve entourée par une foule médisante.

SOLANGE. – Je vous déteste ! Espèce d'ordure !

EDITH, *se retrouve seule au centre de la scène.* – Hola ! Je plaisantais ! C'était excessif, je l'admets…

SOLANGE. – C'est le moins que l'on puisse dire !

EDITH. – Les discussions consensuelles ce n'est pas mon truc… Et puis, il y a des propos qui m'énervent…

SOLANGE. – De toute façon, vous aurez toujours le dernier mot ! À croire que vous êtes la seule personne sensée dans un monde peuplé de crétins !

EDITH. – Il faut dire qu'ici, je suis particulièrement bien servie.

MIREILLE. – Merci ! (*Un temps.*) Vous savez, c'est facile d'être méchante : cela ne réclame aucun effort particulier. Il n'y a qu'à se laisser aller à dire des horreurs. Sans doute est-ce encore plus délectable lorsque ces horreurs sont fausses ?

EDITH. – Moi, je dis des horreurs ?

MIREILLE, *plus consensuelle.* – Arrêtez 5 minutes d'être désagréable. Les relations humaines sans bagarre, ce n'est pas si mal, vous savez?

EDITH. – Je veux bien l'admettre…

SOLANGE, *se rapprochant d'Edith, agressive.* – Vous pourriez aussi vous excuser!

EDITH. – Bon… Désolée.

SOLANGE, *même jeu.* – Mieux que ça!

EDITH, *surprise.* – Pardon?

SOLANGE, *même jeu.* – Mieux que ça!

EDITH, *tout bas.* – Pardon.

SOLANGE, *même jeu.* – Plus fort!

EDITH, *à peine plus fort.* – Excusez-moi.

SOLANGE, *même jeu.* – J'ai dit « plus fort »! On ne vous entend pas!

EDITH. – J'ai dit : excusez-moi!

SOLANGE, *même jeu, empoignant Edith par l'épaule, hystérique.* – À genoux! À genoux! À genoux! J'ai dit à genoux!

MIREILLE, *intervenant, choquée.* – Cela suffit! On n'est pas dans une garde à vue, non plus! (*Elle éloigne Solange d'Edith.*)

Solange sort provisoirement de la pièce côté cour.

EDITH, *allant s'asseoir, outrée.* – Elle est complètement pétée!

MIREILLE. – Vous l'avez poussée à bout, il faut dire!

EDITH. – Peut-être, mais quand même!

Long silence où chacune se remet de ses émotions.

MIREILLE, *hésitante*. – Vous savez… (*Un temps.*) Vous allez me dire que c'est une phrase toute faite… (*Un temps.*) Mais, au lieu d'être torturée comme ça… (*Un temps.*) Vous devriez essayer le bonheur…

EDITH, *un peu abasourdie*. – Le bonheur… Ça faisait longtemps qu'on ne me l'avait pas lancé à la figure ! Si j'ai appris une chose, c'est qu'il vaut mieux ne pas trop le chercher, « le bonheur ». (*Prononcé avec dédain.*) Car c'est le meilleur moyen de le perdre. Qu'est-ce d'ailleurs que le bonheur ? Un absolu vers lequel on tend sans jamais l'atteindre, une quête de richesses dont l'accomplissement vous blase et vous incite à en chercher de nouvelles, un esclavage cynique qui nous entraîne dans sa spirale de possessions, comme si le fait de tout posséder pouvait rendre plus heureux ! Quand on a tout, que peut-on désirer ? Et quand on ne désire plus rien, est-il possible d'être heureux ?

MIREILLE. – Posséder n'est pas le seul moteur du bonheur. Je reconnais là votre vision matérialiste des choses !

EDITH. – Je ne parle pas que de biens matériels, je pense aussi à cet insatiable besoin d'affection ou de reconnaissance, ancré au plus profond de chacun. Quoiqu'il en soit, toute réflexion un peu approfondie ou tout questionnement pertinent sont des obstacles au bonheur. Les joies sont passagères, souvent balayées par les soucis du quotidien et les épreuves de la vie. (*Un temps.*) On prétendait tout à l'heure que je ne savais pas ce que c'était que de souffrir : quel toupet !

MIREILLE. – C'était dit dans un mouvement d'humeur.

EDITH. – Solange a perdu son mari. Vous, votre mari est parti pour une autre : bien sûr que c'est triste ! Mais, je ne peux compatir que de loin, votre douleur n'est pas la mienne, je n'en cerne que les contours. De même, comment diable pourrais-je vous parler de ma blessure intime, sans vous ennuyer?

Mireille. – Parler aux autres, c'est un peu se parler à soi-même. L'essentiel est de pouvoir nommer les choses, en les nommant on leur enlève la part d'affect dont elles sont chargées. C'est un peu comme si vous regardiez votre douleur de l'extérieur, en pleine lumière, sans les fioritures et les arrangements de l'âme.

Edith. – C'est très joli ce que vous dites, mais je doute que mes interlocuteurs s'intéressent à une histoire vieille de 20 ans!

Mireille. – Ce n'est pas grave, les gens n'écoutent pas la plupart du temps! Ils préfèrent s'écouter parler! Faites pareil! Essayez pour voir? Alors? Cette histoire d'il y a 20 ans?…

Edith. – Là? Comme ça?

Mireille. – Oui.

Edith. – Je ne sais pas si je vais pouvoir… C'est gênant… Et puis, c'est très compliqué!

Mireille. – Essayez toujours, vous verrez bien.

Edith. – Non, ce n'est pas une bonne idée. C'est une vieille histoire qui me taraude et que j'essaye d'oublier, même si c'est difficile.

Mireille. – Raison de plus pour en parler…

Edith. – Je ne crois pas. J'ai très bien vécu comme ça, jusque là.

Mireille. – Bien vécu? Vraiment? Vous n'en donnez pas l'impression!

Edith. – C'est une façon de parler. Je veux dire qu'on a tous des trucs plus ou moins enfouis et que, même s'ils entravent, ils n'empêchent pas d'avancer…

Mireille. – C'est dommage de se contenter de marcher quand on pourrait courir, non ?

Edith, *avec un sourire.* – Vous y tenez à mon histoire, n'est-ce pas ?

Mireille. – Ce n'est pas du voyeurisme, rassurez-vous.

Edith. – On se connaît à peine après tout !

Mireille. – Raison de plus. Quand on va chez un psy, on ne le connaît pas non plus ! C'est d'ailleurs aussi bien comme ça : imaginez qu'il batte sa femme ou qu'il viole ses enfants ?

Edith, *ironique.* – Vu comme ça, c'est sûr, ça motive ! (*Plus sérieuse.*) Ceci étant, j'ai toujours pensé que les psy étaient un peu tordus.

Mireille, *pincée.* – Bon, écoutez : vous faites comme vous voulez. Je vous ai donné mon point de vue. Vous faites comme vous l'entendez.

Edith. – Ne le prenez pas mal. J'apprécie votre empathie, croyez-le bien, mais je suis d'un naturel farouche. Les confessions, ce n'est pas mon truc !

Mireille, *radoucie.* – Je m'en doute bien. C'est pour ça que je vous proposais une autre option… Juste pour voir…

Edith, *allant se servir un thé pour se donner une contenance.* – Bien sûr… Je comprends… C'est gentil de votre part… Vous en voulez ?

Mireille. – Non merci. (*Elle reprend son livre.*)

Grand silence.

EDITH, *brusquement.* – Au fond, vous avez raison : je me lance. Je ne l'ai jamais fait, alors pourquoi ne pas essayer un jour ? Je mourrai moins bête !

MIREILLE. – Vous êtes loin d'être bête, vous êtes torturée.

EDITH. – Sans doute. (*Un temps.*) Le problème, c'est que je ne sais par où commencer !

MIREILLE. – Lancez-vous. C'est le premier pas qui compte, ou plutôt le premier mot…

EDITH, *faussement amusée, pour masquer sa gêne.* – C'est votre dernier mot ?

MIREILLE. – Vous pouvez continuer à manier l'ironie ou à faire des pirouettes, je ne peux pas vous en empêcher, vous savez ?

EDITH. – Je le sais bien, oui. C'est plus fort que moi, je vois toujours le côté comique des choses.

MIREILLE. – Je comprends.

Silence pendant lequel les deux femmes s'observent, puis :

EDITH, *brusquement.* – Vous n'écouterez pas vraiment, n'est-ce pas ?

MIREILLE. – Promis ! Si vous voulez, je peux reprendre mon livre.

EDITH. – Non, je préfère qu'il y ait un semblant de conversation.

MIREILLE. – Bien, j'essaierai d'être crédible.

EDITH. – Bon. (*Un silence où elle cherche le commencement de son récit.*) Il s'appelait Bruno. (*Sur la défensive.*) Oui, je sais, vous allez me dire : encore une histoire d'amour !

MIREILLE, *volontairement détachée*. – Pas du tout. Je vous écoute. Alors ? Arnaud ?

EDITH. – Mais non, pas Arnaud : Bruno ! Vous n'écoutez pas !

MIREILLE. – Si, mais juste ce qu'il faut, comme convenu.

EDITH. – J'oubliais les termes du contrat… (*Un temps.*) Je suis tombée sous le charme de Bruno. Il faut dire qu'il était la gentillesse même, attentif, raffiné, cultivé ! Et moi, comme une andouille, j'ai succombé à la passion !

MIREILLE. – Je ne vois pas où est le mal.

Solange réapparaît côté cour et reste en retrait pour écouter.

EDITH. – Mais si, c'est complètement stupide ! Je lui faisais plein de petits cadeaux, je m'arrangeais pour être avec lui le plus souvent possible, je l'ai présenté à mes parents et, suprême erreur, je lui ai avoué mon amour !

MIREILLE. – Au contraire, c'est courageux !

EDITH. – Mais non ! J'ai tout foutu en l'air ! Il a été surpris et s'est éloigné de moi poliment.

MIREILLE. – Il y avait quelqu'un d'autre ?

EDITH. – Oui, hélas !

MIREILLE. – C'était drôlement malhonnête de vous laisser espérer !

EDITH. – Il n'avait rien vu venir ! Pour lui, notre relation ne pouvait être qu'amicale puisqu'il aimait quelqu'un d'autre !

MIREILLE. – Vous ne connaissiez pas l'autre personne ?

EDITH. – Non. (*Silence.*) Toute à ma passion débile, j'ai voulu connaître ma rivale. (*Un temps.*) J'ai fait ce truc horrible qui consiste à espionner quelqu'un !

MIREILLE. – C'est humain…

EDITH. – Oui : c'est affreux !

MIREILLE. – Non, j'ai dit : humain.

EDITH, *sèchement*. – C'est donc affreux. (*Un temps.*) J'ai fini par découvrir la vérité… En tout cas la sienne… (*Un temps.*) Elle s'appelait Laurent.

MIREILLE. – Vous voulez dire, « il » s'appelait Laurent. D'ailleurs qui est ce Laurent qui vient comme un cheveu sur la soupe ?

EDITH, *froidement*. – Laurent était mon rival. Bruno n'avait aucune attirance pour les femmes. (*Un temps, plus animée.*) J'avais l'air fin avec ma passion ! Elle m'encombrait cette passion ! Elle m'étouffait ! Elle avait besoin de s'épancher, de se répandre, de brûler quelqu'un ! Je ne pouvais me résigner. Je me disais qu'avec tout mon amour, je pouvais le guérir « de ça ». Comme s'il s'agissait d'une maladie !

MIREILLE. – Cela me rappelle une anecdote avec la confiture d'abricot…

EDITH. – Qu'est-ce que vous me chantez, avec votre confiture ?

MIREILLE. – Quand j'étais petite, ma grand-mère voulait absolument que je mange sa confiture d'abricot. Je détestais ça ! Je préférais la confiture de fraise ! Ce que je veux dire, c'est que les goûts, cela ne se commande pas ! Et qu'il n'est pas toujours nécessaire d'essayer pour savoir que cela ne vous convient pas.

EDITH. – Oui, c'est vrai… C'est d'ailleurs ce que m'a répondu Bruno quand je me suis offerte à lui pour qu'au moins il comprenne ce à quoi il renonçait. Quelle arrogance ! Comme si, nous les femmes, nous étions l'ultime recours, le seul palliatif au malheur des hommes ! On leur offre l'enfantement comme si la vie était le plus beau des cadeaux : on n'a toujours pas compris que c'était une malédiction !

MIREILLE. – Qu'avez-vous fait ?

EDITH. – Aveuglée par le désespoir et par la rage d'être éconduite, je suis allée pleurer dans le giron de mes parents.

MIREILLE. – Comment ont-ils réagi ?

EDITH. – À leur façon… C'est à dire la pire… (*Un temps.*) Je ne rentrerai pas dans les détails, c'est trop douloureux… Les ragots ont été bien orchestrés… Si vous saviez les ravages que peut provoquer la rumeur ! (*Un temps.*) Il y a les ricanements, les regards fuyants, les attitudes grossières : toute cette gestuelle nauséabonde des « gens comme il faut »… (*Un temps.*) La famille de Laurent, qui ne pensait déjà pas « comme tout le monde », a déménagé…

MIREILLE. – Et pour Bruno, comment cela s'est-il passé ?

Silence. Edith est figée et semble ne pas pouvoir poursuivre.

EDITH, *reprenant difficilement.* – Les parents de Bruno se sont comportés comme des bourreaux ! Ils ont d'abord voulu le faire soigner, mais face à son refus, ils l'ont mis à la porte de chez eux, sans un sou, en déclarant qu'il n'était plus leur fils… Tout le monde lui a tourné le dos, même ses soi-disant amis ! Il s'est retrouvé seul, démuni, banni… (*Un silence, puis dans un souffle.*) Des enfants l'ont retrouvé pendu dans une grange… Il était en partie décomposé… Des semaines qu'il était accroché à sa poutre… (*Avec émotion.*) Il a été enterré comme un chien dans le carré des indigents : pas de pierre tombale, pas de fleurs, pas de prières, rien ! (*Elle se dirige vers la table où son sac à main est posé et revient avec un bout de papier issu de celui-ci.*)

MIREILLE. – Il avait laissé un mot ?

EDITH. – Rien… Ou alors on l'aura fait disparaître. (*Un temps.*) Mais à chaque date anniversaire, je reçois ce message par la poste. (*Elle tend le papier.*)

MIREILLE, *lisant*. – « J'espère que tu es toujours aussi normale et surtout très heureuse. » (*Commentant.*) Ce n'est pas signé : je suppose que c'est Laurent qui vous l'envoie ?

EDITH. – Il y a de fortes chances, oui.

MIREILLE. – C'est cruel de faire ça !

EDITH. – Non. Je comprends. De toute façon, je ne les lis plus. Je n'en ai pas besoin. Je ne me pardonne pas moi-même !

SOLANGE, *se précipite dans les bras d'Edith pour la consoler.* – Oh ! Edith ! C'est tellement triste ! Pardonnez-moi d'avoir été méchante ! Je ne savais pas ! Pardon ! Pardon ! Pardon !

EDITH, *abasourdie.* – Vous étiez là ?

SOLANGE, *elle la serre contre son corps.* – Oui, j'étais là-bas dans le coin ! J'ai entendu votre histoire, comme c'est triste ! Je suis désolée ! Pardon, pardon !

EDITH, *cherchant à se dégager de l'étreinte.* – J'étouffe !

SOLANGE. – Je comprends mieux vos répugnances face à l'amour et aux grands sentiments : c'est une défense ! Vous avez été trop malheureuse ! Oh, la pauvre petite !

EDITH, *même jeu.* – Oui, oui… Mais, j'étouffe, là !

SOLANGE. – On est là ! On est là ! Vous pouvez pleurer si vous voulez.

MIREILLE, *intervenant pour séparer Solange d'Edith.* – Oui, oui, Solange, on a compris ! (*S'adressant à Edith.*) Au fond, vous voyez : ce n'était pas si compliqué.

EDITH. – Oui, je l'admets. (*Un temps.*) Je boirais bien un petit thé…

SOLANGE, *se précipite vers la table.* – Je m'en occupe ! (*Son portable sonne dans son sac.*) Oh ? Le réseau est de retour ! Je reviens ! (*Elle se précipite à l'opposé et disparaît en coulisses.*)

MIREILLE, *servant le thé.* – C'est un cas, tout de même !

EDITH, *s'asseyant.* – Oui… (*Après un temps où elle boit son thé.*) Vous savez… (*Un temps.*) J'ai tout inventé.

MIREILLE. – Qu'est-ce que vous voulez dire ?

EDITH. – Je vous ai baratinée.

MIREILLE. – Vous voulez dire que vous avez tout inventé ?

EDITH. – Presque…

MIREILLE. – Je ne comprends pas !

EDITH. – Je n'allais pas vous raconter des choses personnelles, on ne se connaît pas après tout. En plus, vous étiez censée n'écouter que d'une oreille, mais finalement vous étiez suspendue à mes lèvres !

MIREILLE. – Je me suis laissée prendre par votre histoire, c'est vrai. (*Plus vive.*) Franchement, je ne comprends pas !

Edith. – Vous aviez l'air de tenir à ce que je me confie et puis j'en avais marre de vous entendre toutes les deux me dire que je n'avais jamais souffert !

Mireille. – Oui, mais tout de même ! De là à inventer tout une histoire !

Edith. – Qui vous dit que j'ai tout inventé ?

Mireille. – Voilà autre chose ! Il faudrait savoir !

Edith. – Eh bien, il y a une part de fiction et une part de réalité.

Mireille. – Mais ?… Le mot sur le papier : vous ne l'avez quand même pas fabriqué ?

Edith. – Bien sûr que non. (*Un temps.*) Je n'en dirai pas plus. Dites-vous que je vous ai raconté une histoire un peu triste. (*Un temps.*) D'ailleurs : fiction, réalité, est-ce si important ? Les idées et les sentiments, voilà ce qui importe !

Mireille. – Oui, mais de là à trafiquer ses souvenirs !

Edith. – Au fond, lorsqu'on raconte ses souvenirs, n'y a-t-il pas une réécriture inconsciente ? C'est assez naturel d'ailleurs, on ne saurait mémoriser tous les détails. Je ne sais plus qui a dit : « le souvenir est un poète, n'en fais pas un historien », mais je trouve cela assez juste.

Mireille. – Tout de même, vous avez été drôlement malhonnête !

Edith. – Non, puisque j'ai dit des choses vraies… (*Un temps.*) Bon, je reconnais que j'ai un peu dramatisé la fin. J'ai succombé au pathos du mauvais théâtre, je m'en excuse !

Mireille. – Tout de même ! J'ai l'impression désagréable de m'être laissée rouler dans la farine !

EDITH. – Excusez-moi. (*Un temps.*) Bon, oublions ça, voulez-vous ? Et puis, évitons de mettre Solange au courant : j'aime autant qu'elle reste sur une bonne impression de moi, surtout que je la soupçonne d'avoir des réactions un peu vives !

MIREILLE, *froidement*. – Je crois qu'il vaut mieux en effet.

SOLANGE, *réapparaissant, radieuse*. – J'ai réussi à joindre un taxi ! Holala ! En plus j'avais 25 messages ! Enfin, je veux dire : 3 audio et 22 SMS !

EDITH, *ironique*. – C'est sûr, c'est pas pareil.

SOLANGE. – Zut ! J'ai oublié votre thé ! Vous l'avez déjà pris ? Oh ! Je suis désolée !

EDITH. – Oui, oui, pas de problème.

MIREILLE. – Puis-je vous emprunter votre portable ? J'aimerais appeler un garagiste : la batterie de ma voiture doit être à plat…

SOLANGE, *tendant son téléphone*. – Oui, bien sûr ! Tenez.

MIREILLE, *sortant*. – Merci.

SOLANGE, *restée seule avec Edith*. – Alors ? Vous allez mieux on dirait ?

EDITH. – Ça va, ça va… Mais, si vous n'y voyez pas d'inconvénient, je ne souhaite pas m'étendre davantage sur ce douloureux souvenir.

SOLANGE. – Ah, mais oui ! C'est tout naturel ! (*Elle farfouille dans un de ses sacs restés à terre, elle en sort un paquet qu'elle tend à Edith.*) Tenez ! Un petit souvenir ! Et pour me faire pardonner !

EDITH, *sur la défensive*. – Merci, c'est très gentil, mais je ne voudrais pas priver quelqu'un…

SOLANGE. – Pensez donc ! J'achète toujours tout un tas de babioles ! Il en restera bien assez !

EDITH, *déballant.* – Si vous le dites… (*Elle extrait un objet insolite et très laid.*) Ah ? C'est… (*Un temps.*) Original…

SOLANGE. – N'est-ce pas ? Il m'a littéralement sauté aux yeux dans la boutique ! Je n'ai pas résisté !

EDITH. – C'est sûr : on ne peut pas le louper !

SOLANGE, *embrassant Edith.* – Je suis contente qu'il vous plaise !

EDITH, *totalement hypocrite, sur un ton neutre.* – Je suis submergée par la joie.

SOLANGE. – Tant mieux, tant mieux !

MIREILLE, *réapparaissant et rendant le portable à Solange.* – Voilà, je serai dépannée dans l'après midi. (*Apercevant le bibelot.*) Qu'est-ce que c'est que cette horreur ?

SOLANGE. – Où ça ?

EDITH, *sauvant la mise en présentant le sucrier qui était sur la table.* – Vous trouvez, vous aussi ? C'est vrai qu'il est moche ! (*Désignant son cadeau.*) Par contre, regardez ce que m'a offert Solange, n'est-ce pas ravissant ?

MIREILLE, *ne sachant plus trop quoi dire.* – Le sucrier ? Ah oui ?… Ah bon ?… Vraiment ?… Ah, oui, oui !… Intéressant ! Original !

EDITH. – Voilà, c'est ça : original.

SOLANGE. – C'est pour ça que je l'ai acheté ! Comme je le disais à Edith : il m'a littéralement sauté aux yeux dans la boutique ! Je n'ai pas résisté !

EDITH. – Mot pour mot !

MIREILLE. – Je comprends, oui, oui…

SOLANGE, *fouillant à nouveau dans ses sacs.* – Allez, je ne veux pas faire de jalouse !

MIREILLE, *inquiète.* – Oh, non ! Ce n'est pas la peine !

EDITH, *perverse.* – Laissez-vous faire Mireille ! Ne lui enlevez pas le plaisir d'offrir !

SOLANGE. – C'est vrai, j'adore faire des cadeaux ! (*Elle tend un paquet à Mireille.*) En souvenir de notre rencontre !

MIREILLE, *mollement.* – Ah bon, alors… Merci…

EDITH, *même jeu.* – Vous ne l'ouvrez pas ?

SOLANGE. – Ah ben oui, faut l'ouvrir !

MIREILLE, *elle déballe le paquet, anxieuse.* – Bon. (*Elle découvre un objet largement aussi laid que le précédent : un champignon de jardin en céramique.*) Ah ?… C'est… Gros… À quoi ça sert ?

SOLANGE. – Ça se met dans le jardin. Je me suis dit que c'était plus original qu'un nain de jardin.

MIREILLE, *décontenancée.* – D'habitude, je mets des fleurs dans mon jardin…

EDITH. – Là, pas besoin d'arrosage !

MIREILLE, *résignée, faisant la bise à Solange.* – Bon. Merci Solange. (*Un temps.*) Je me trouve bête, je n'ai rien à vous offrir…

SOLANGE. – Il n'y a pas de mal. Je n'offre pas pour recevoir en retour ! (*Son portable sonne.*) Ah ? Excusez-moi : un SMS ! (*Elle va s'asseoir pour consulter et répondre à ses SMS.*)

Mireille va s'asseoir. Échange de regards entre elle et Edith, montrant de l'ironie d'un côté et de l'agacement de l'autre. Finalement, Mireille se remet à lire. Edith reste songeuse, le regard dans le vide. Long silence.

EDITH. – Fait beau quand même…

FIN

AVIS IMPORTANT

Cette pièce de théâtre fait partie du répertoire de la Société des Auteurs et Compositeurs Dramatiques, 11 bis rue Ballu 75442 PARIS Cedex 09. Tél. : 01 40 23 44 44. Elle ne peut donc être jouée sans l'autorisation de cette société.

Nous conseillons d'en faire la demande avant de commencer les répétitions.

Imprimé à la demande par Books On Demand GmbH, Bad Hersfeld, Allemagne

2e trimestre 2015
1re édition, dépôt légal : mai 2015
N° d'édition : 201540
ISBN : 978-2-37393-004-7